SCHERE KOMPETENZEN
MONSTER MIX

____
name

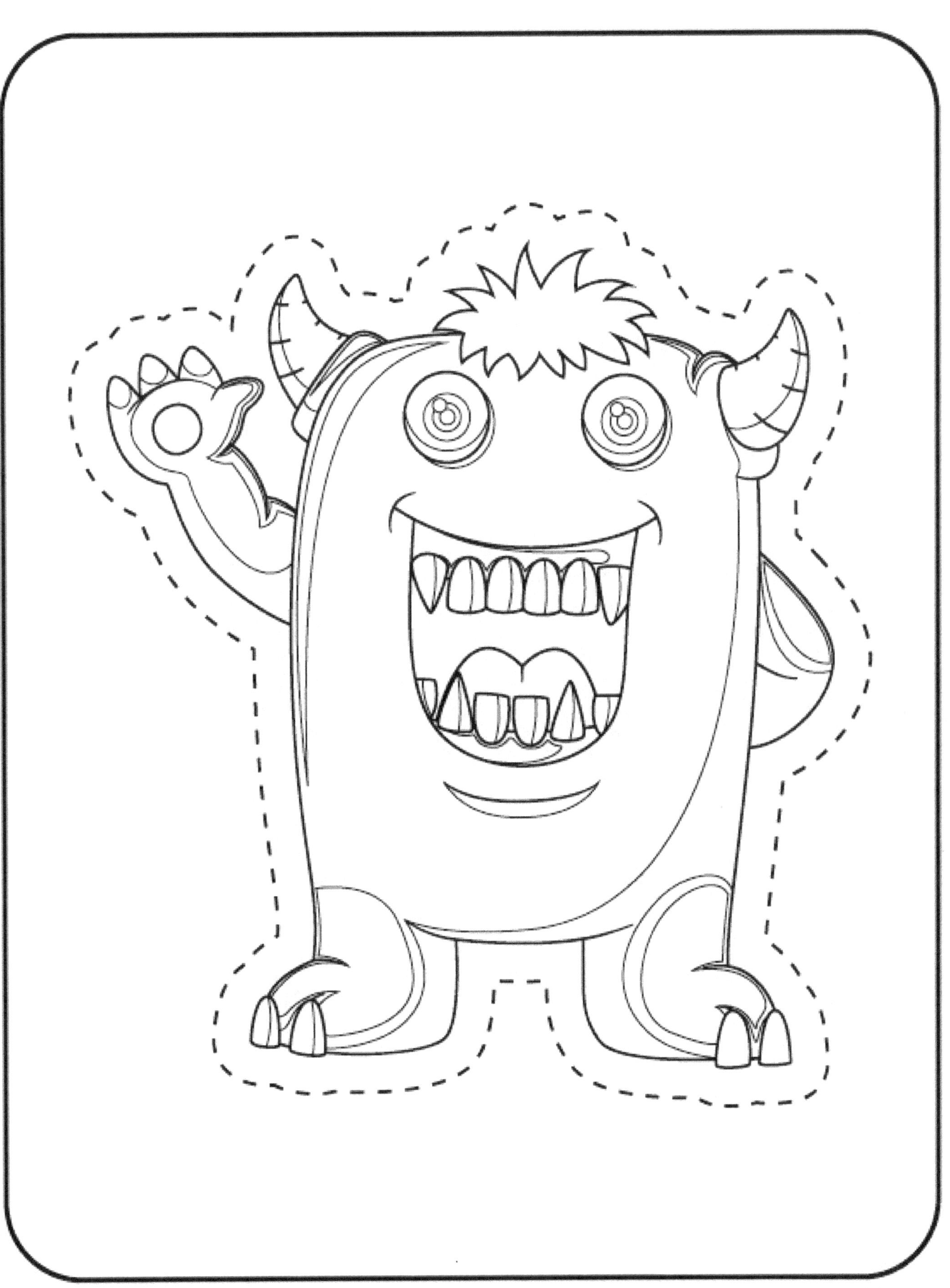

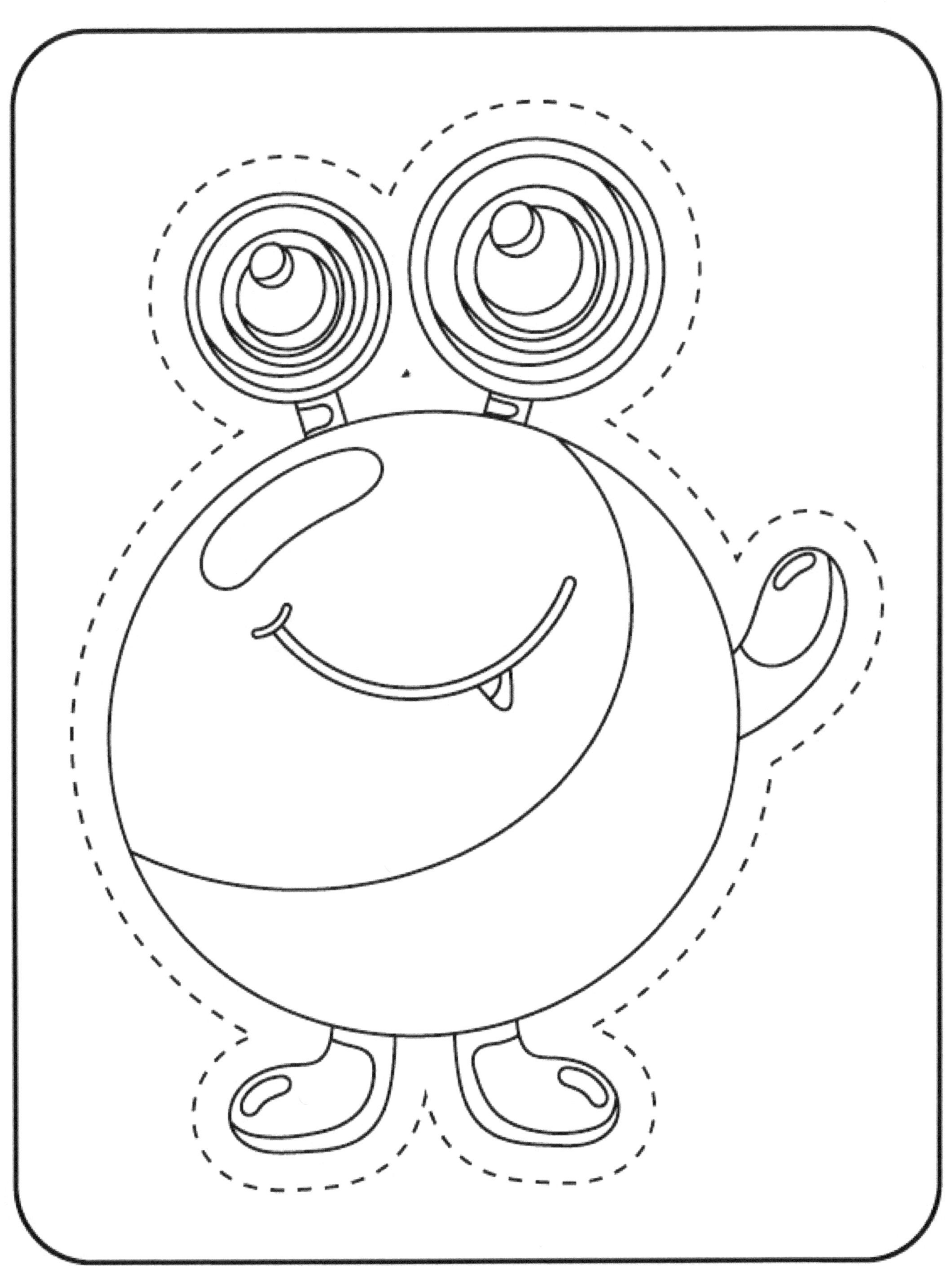

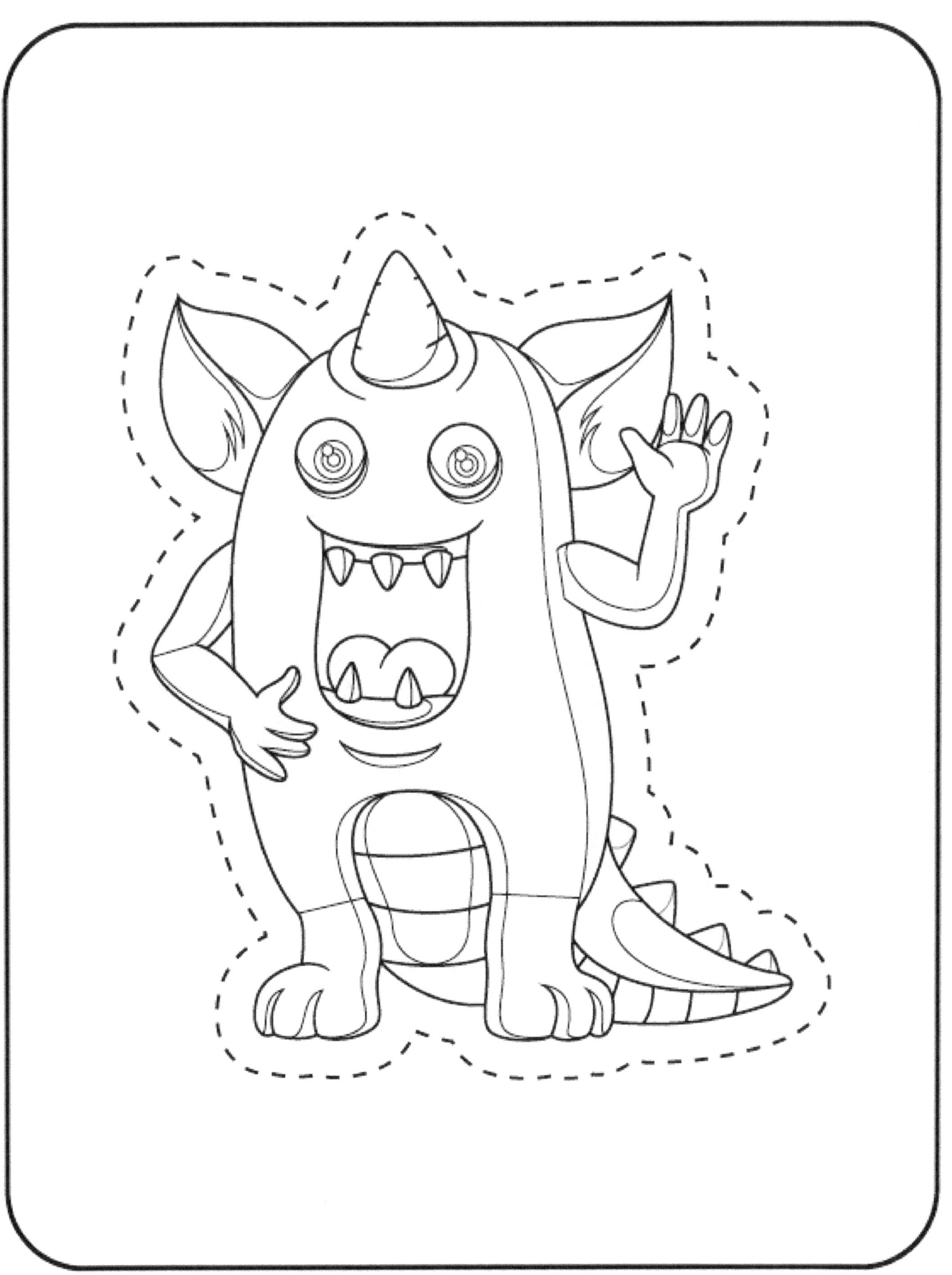

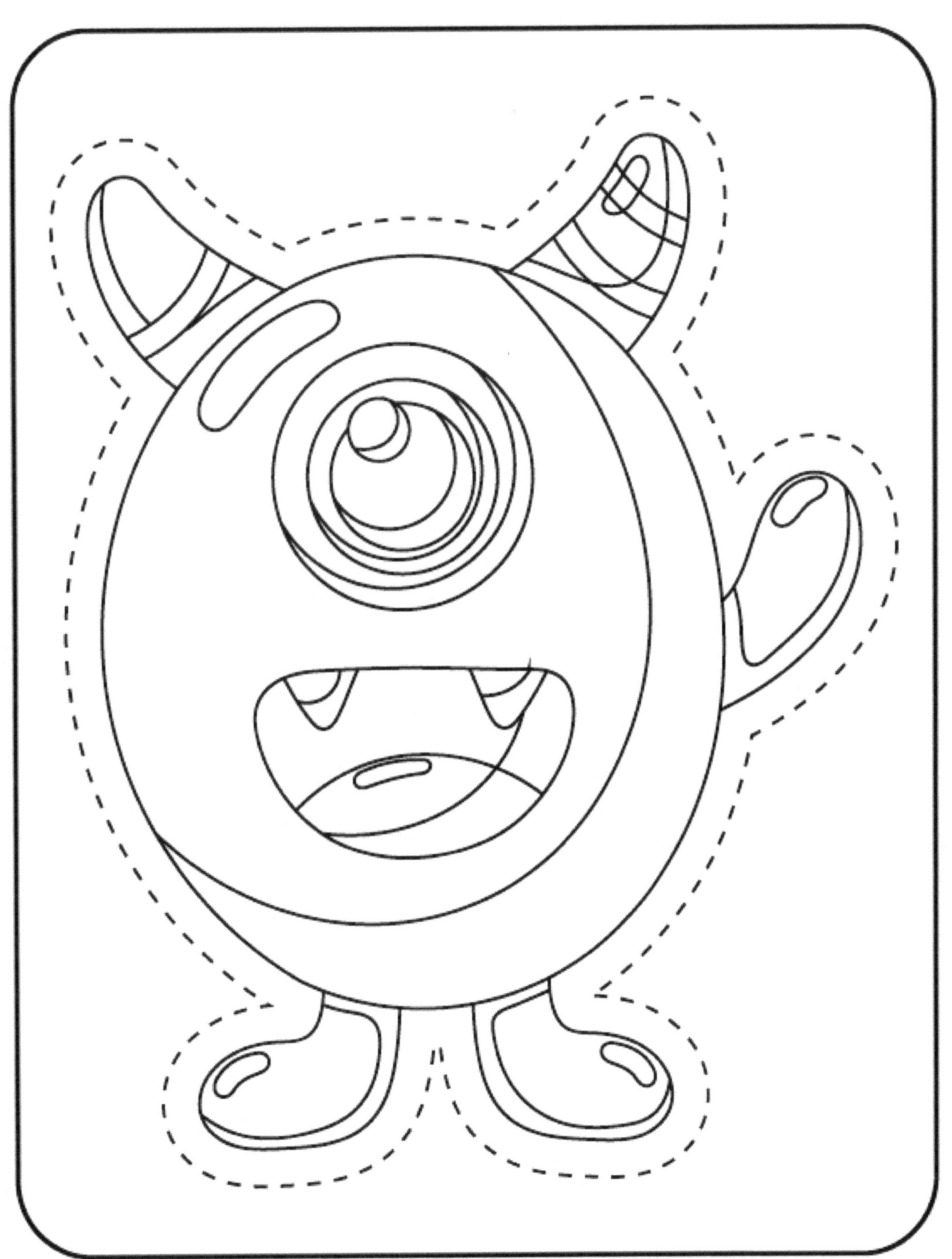

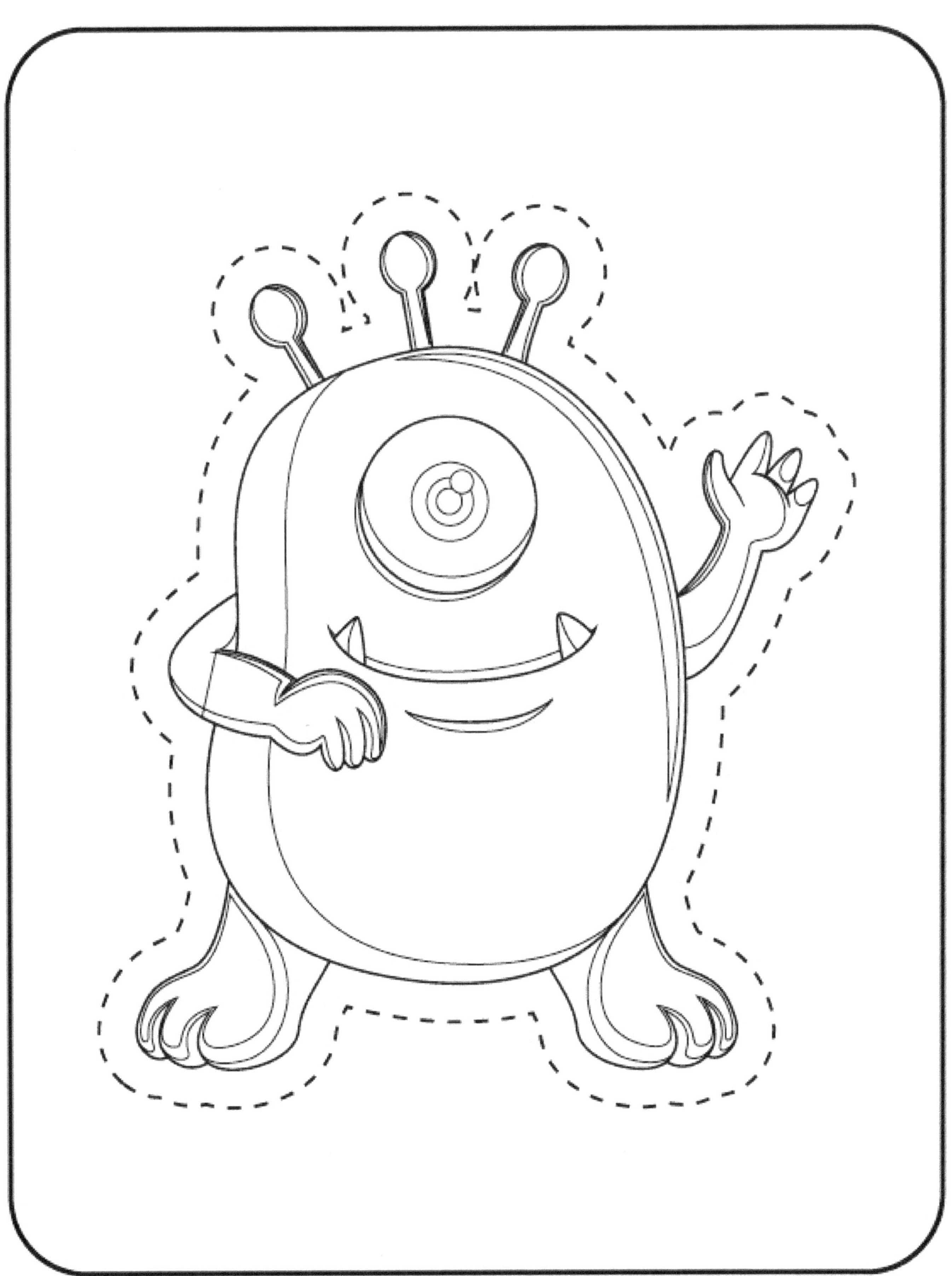

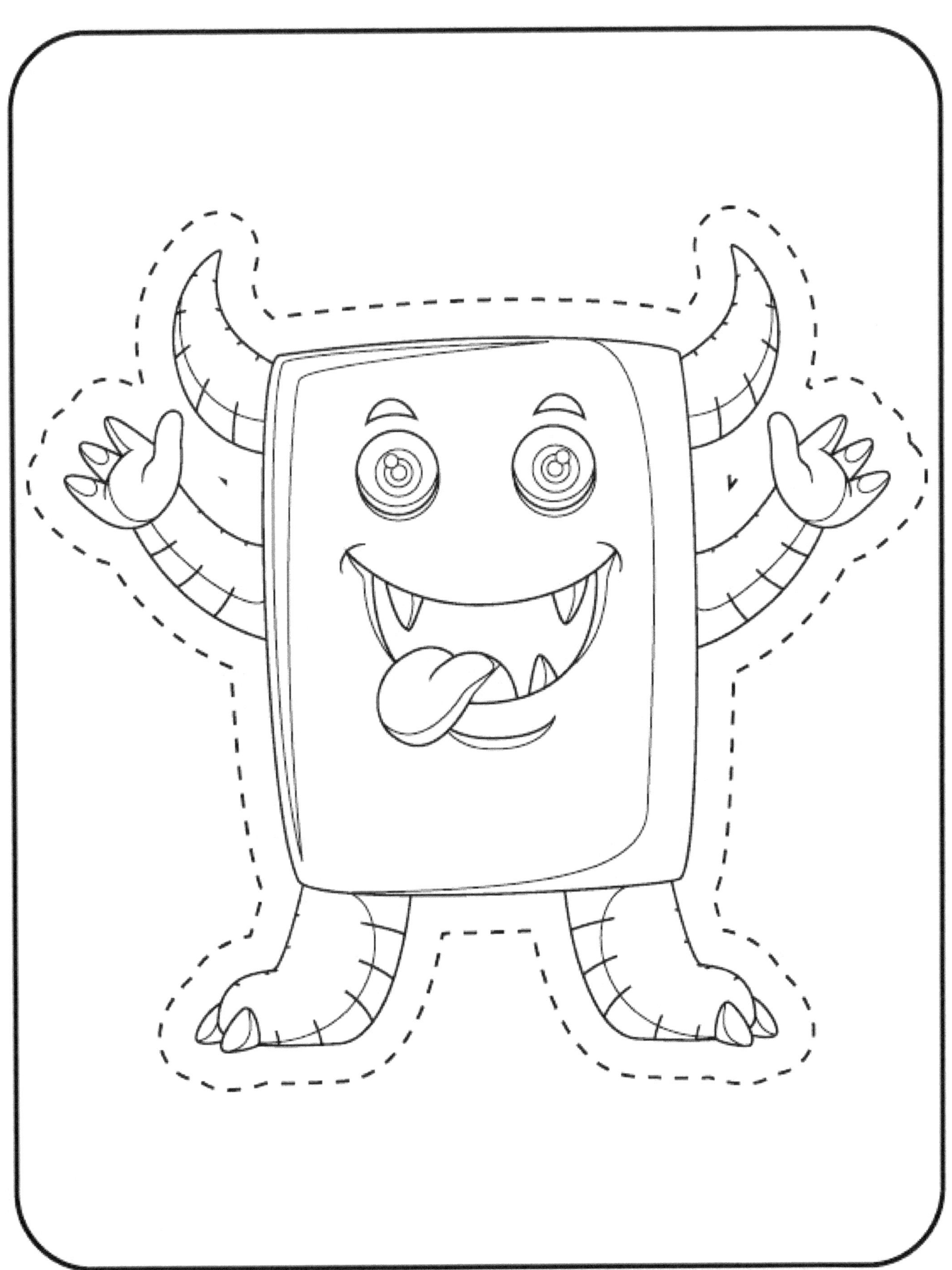

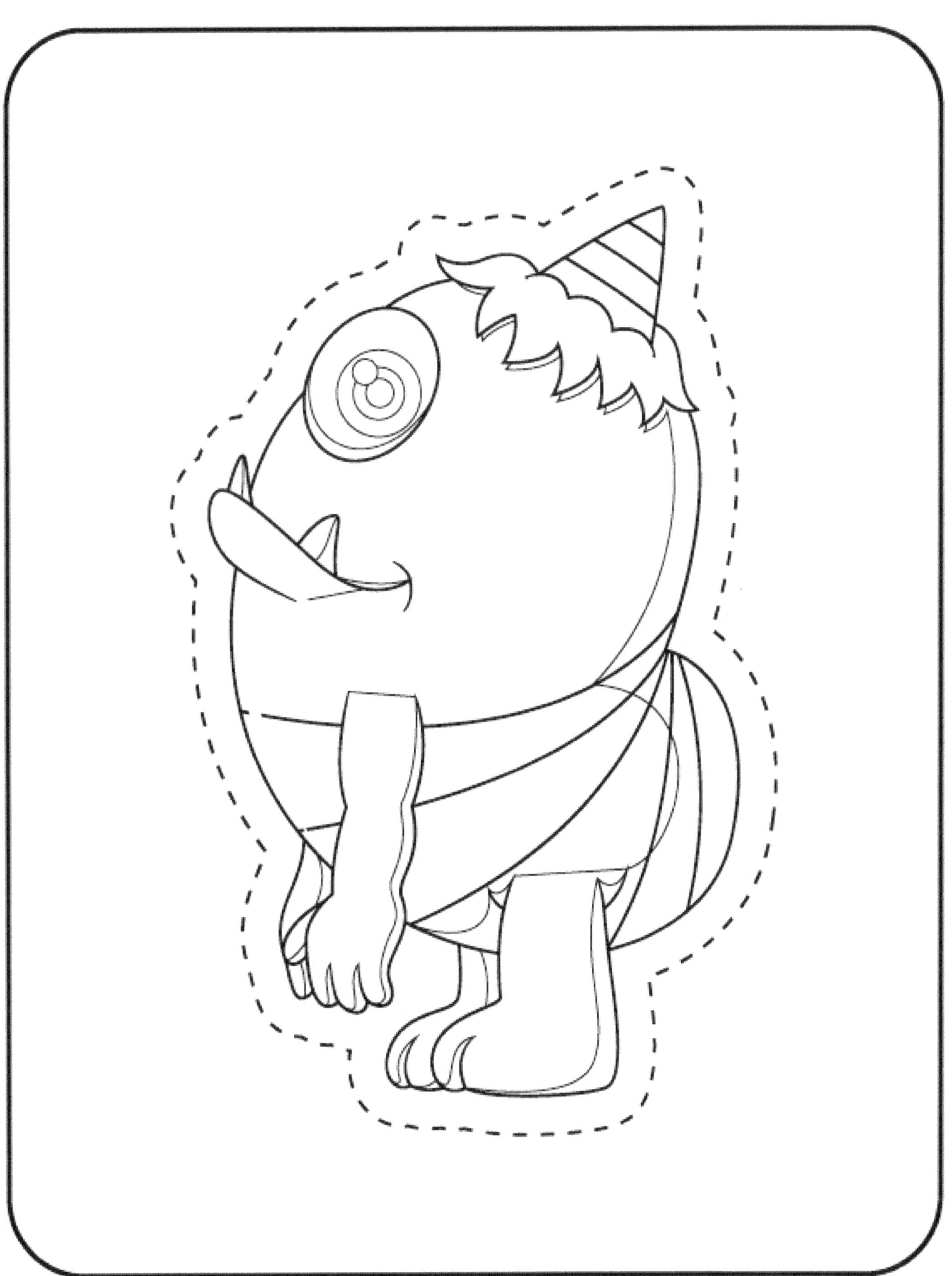

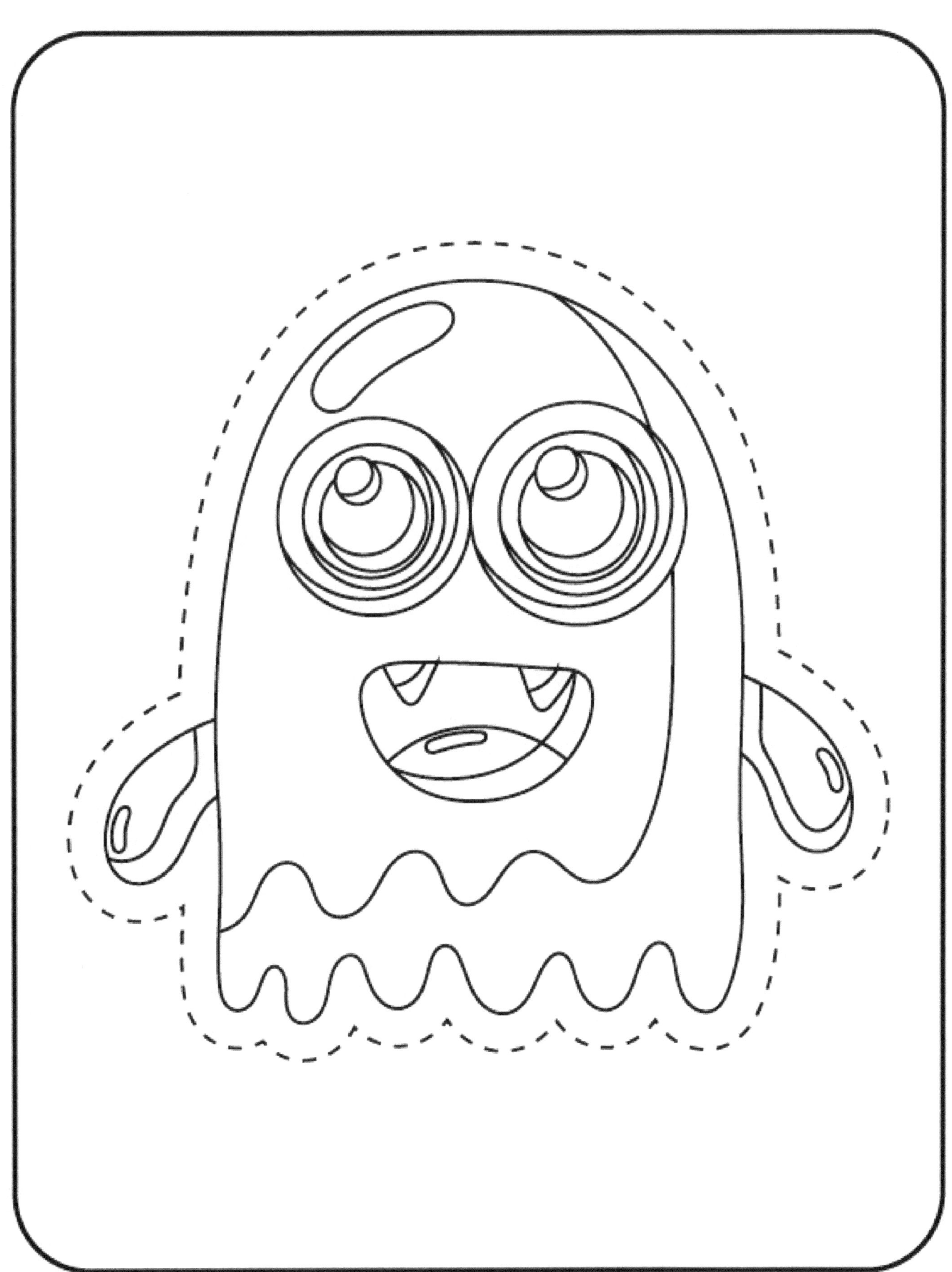

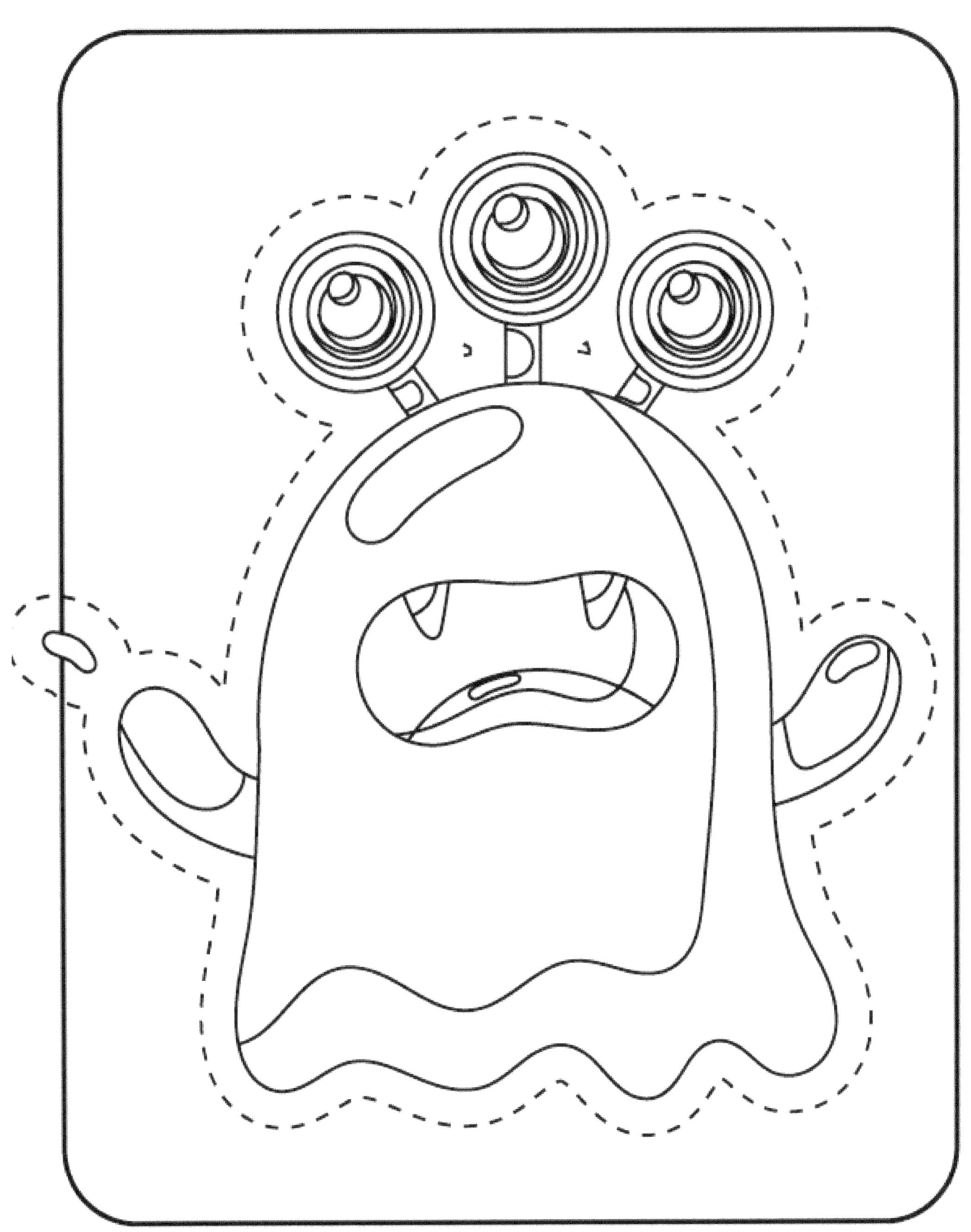

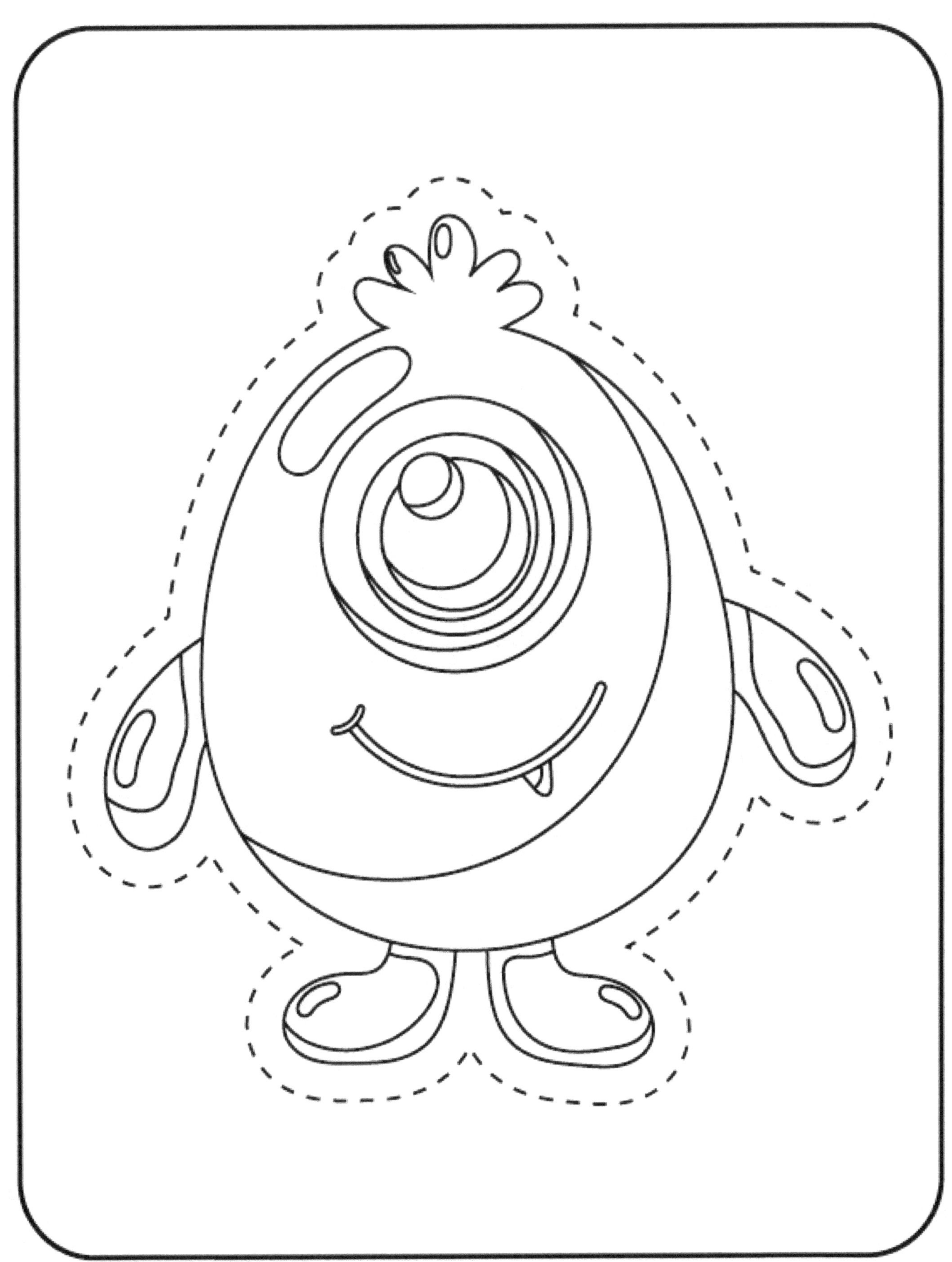

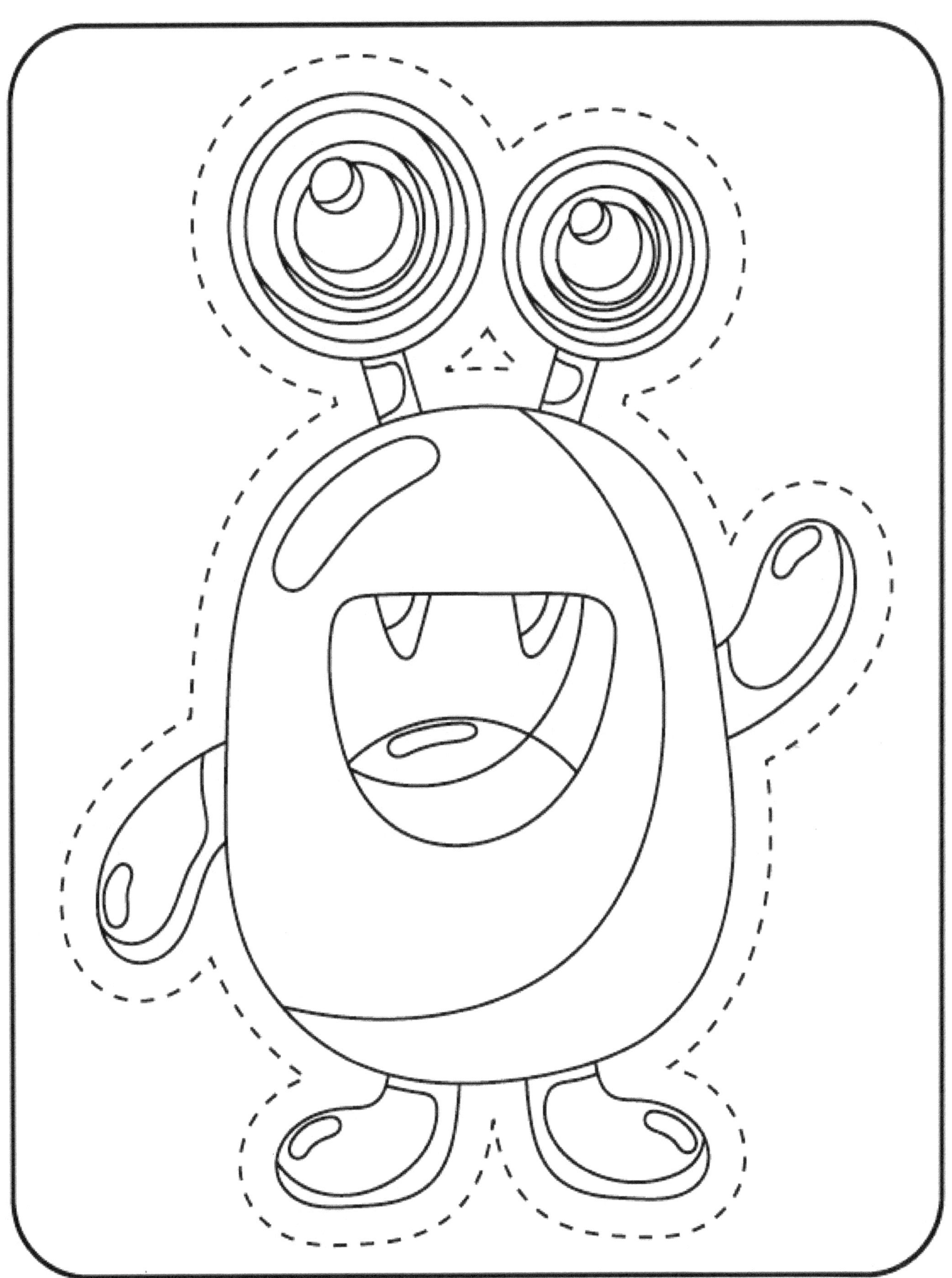

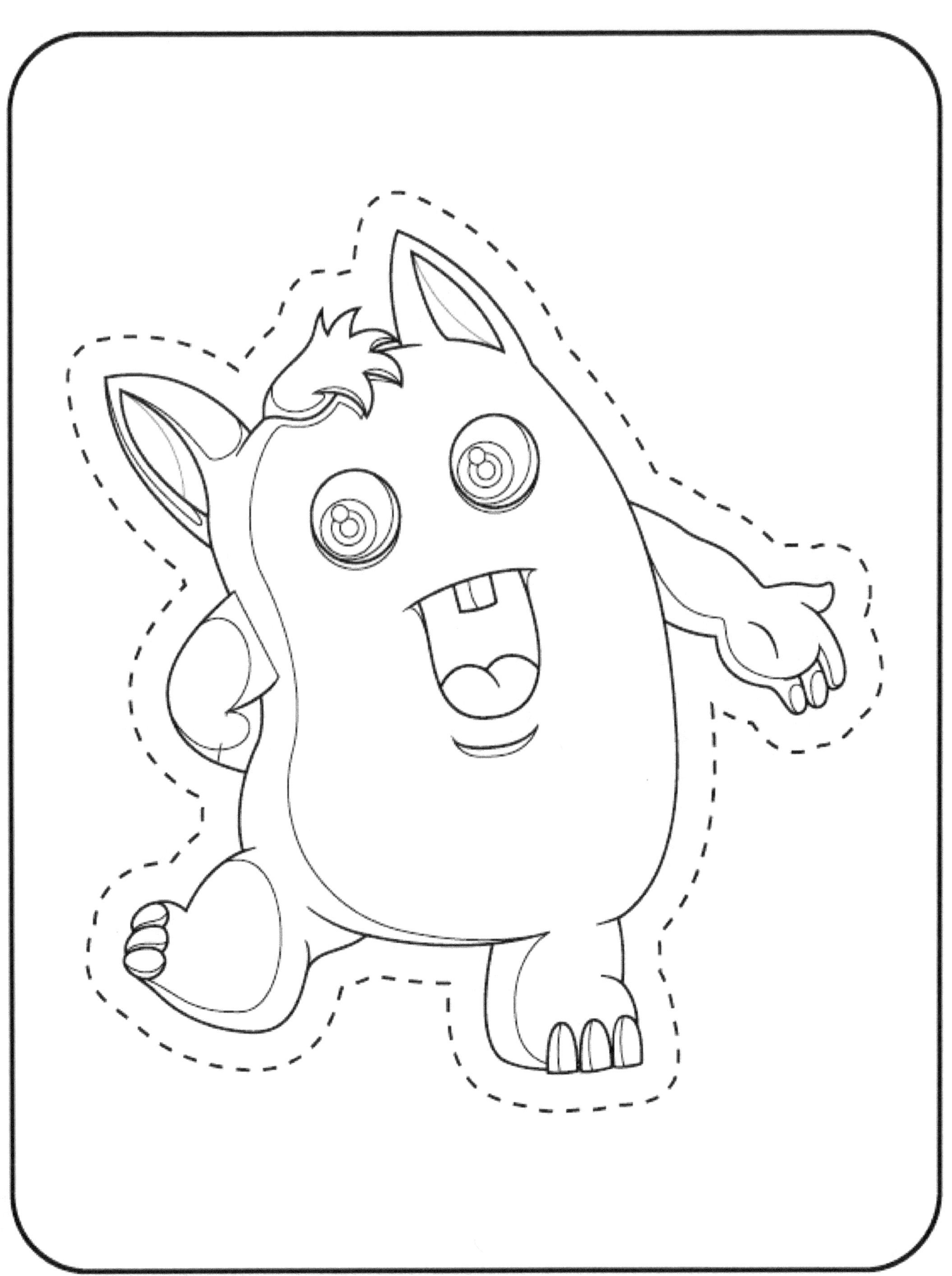

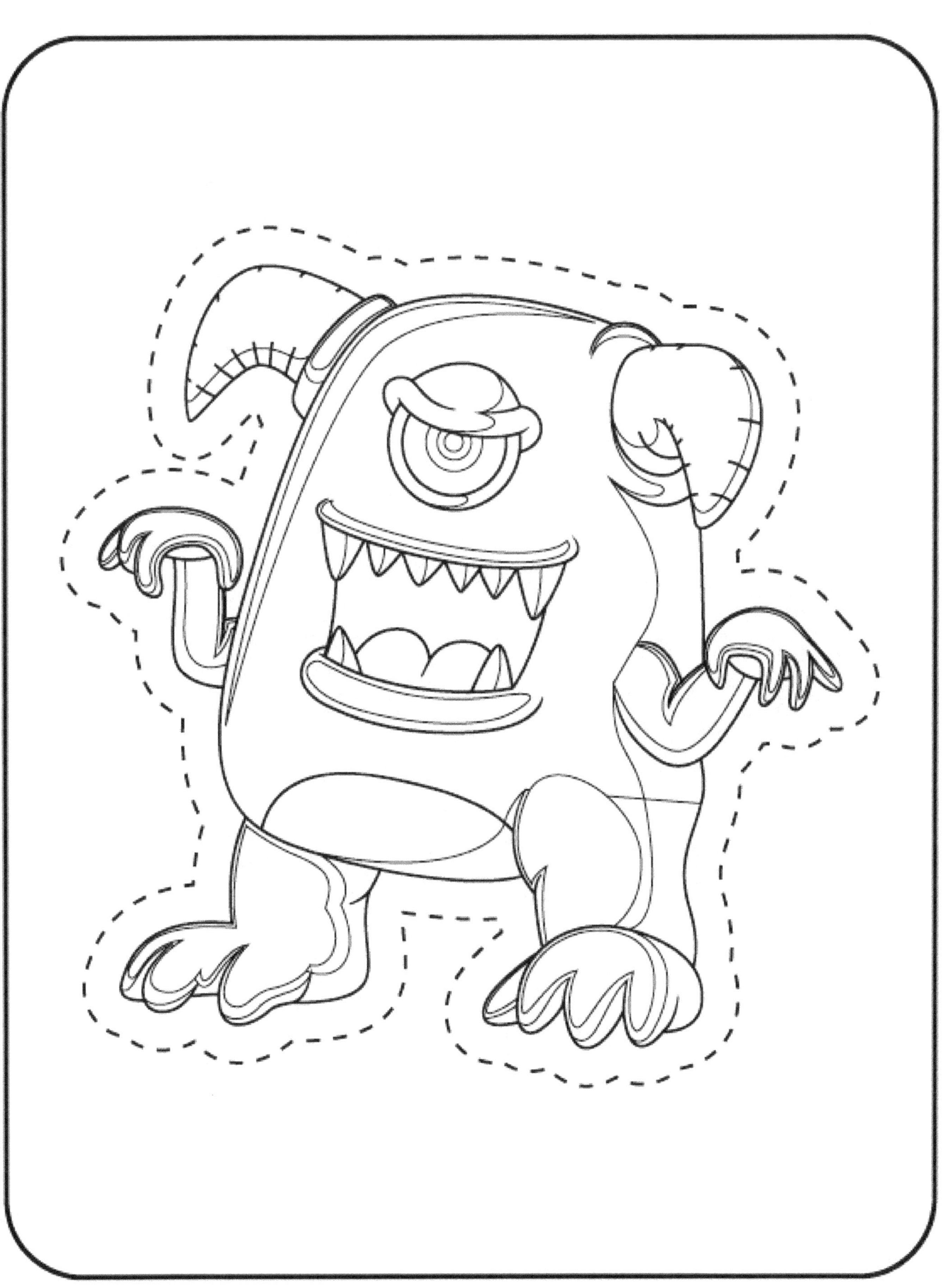

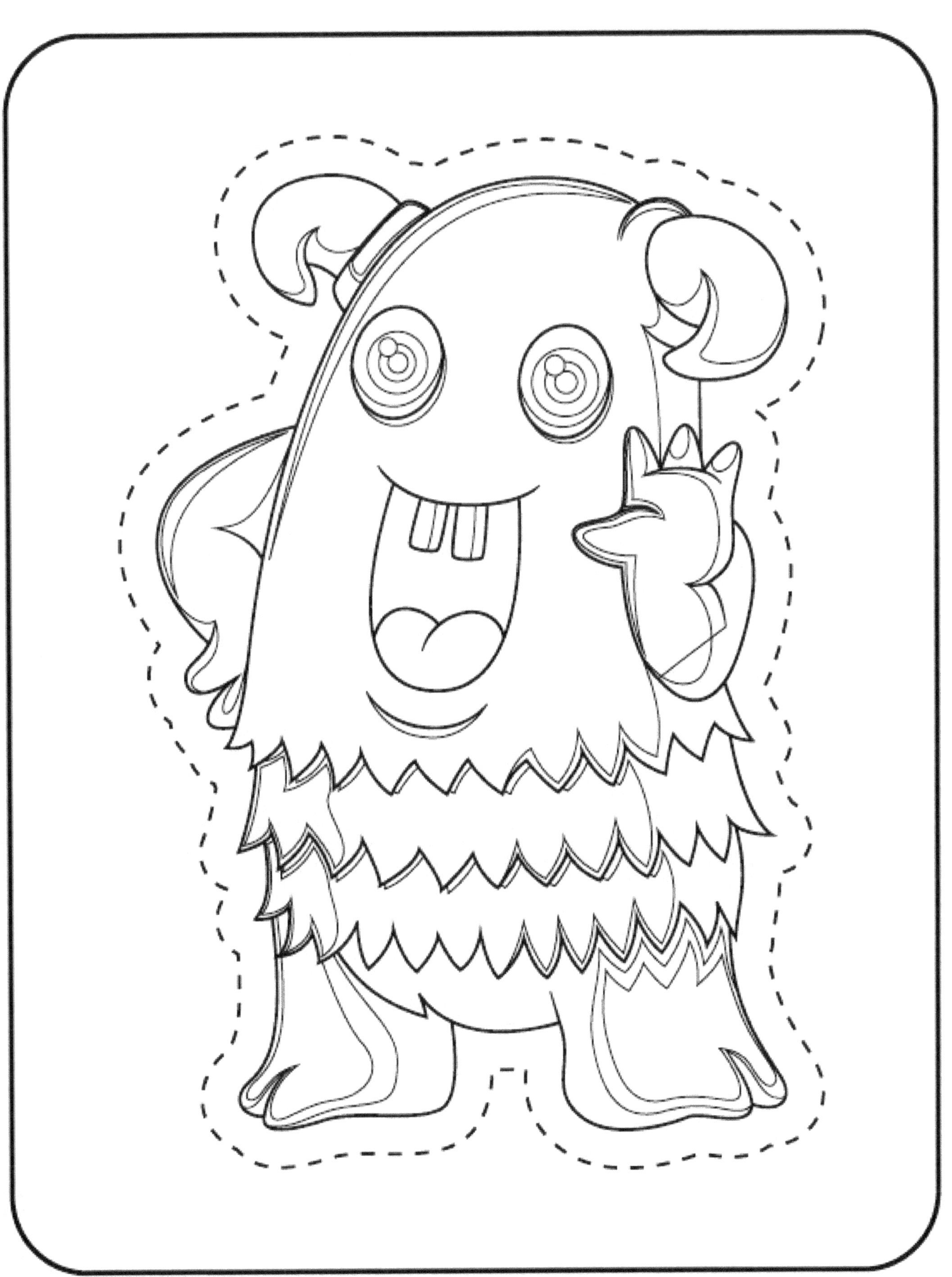

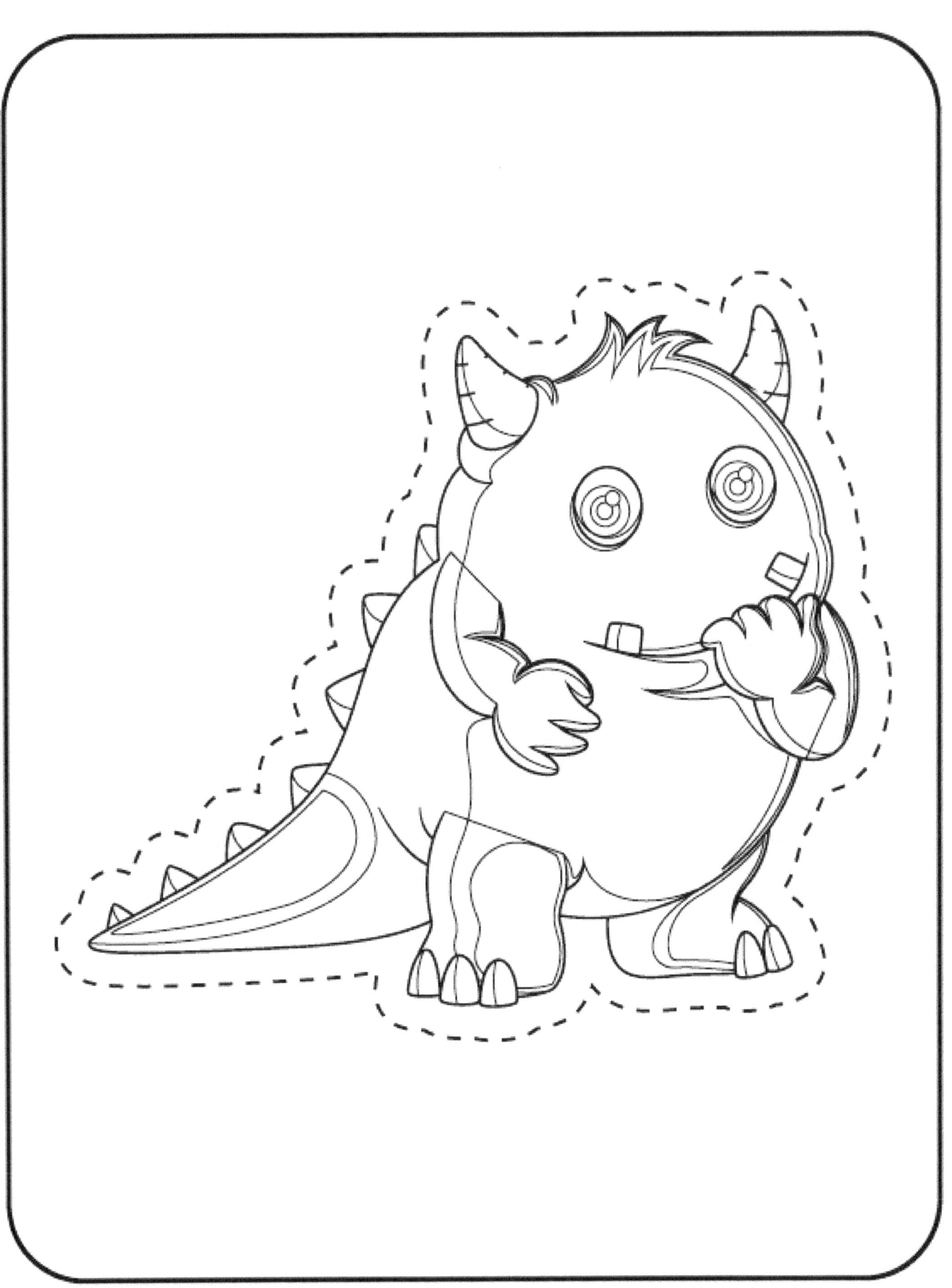

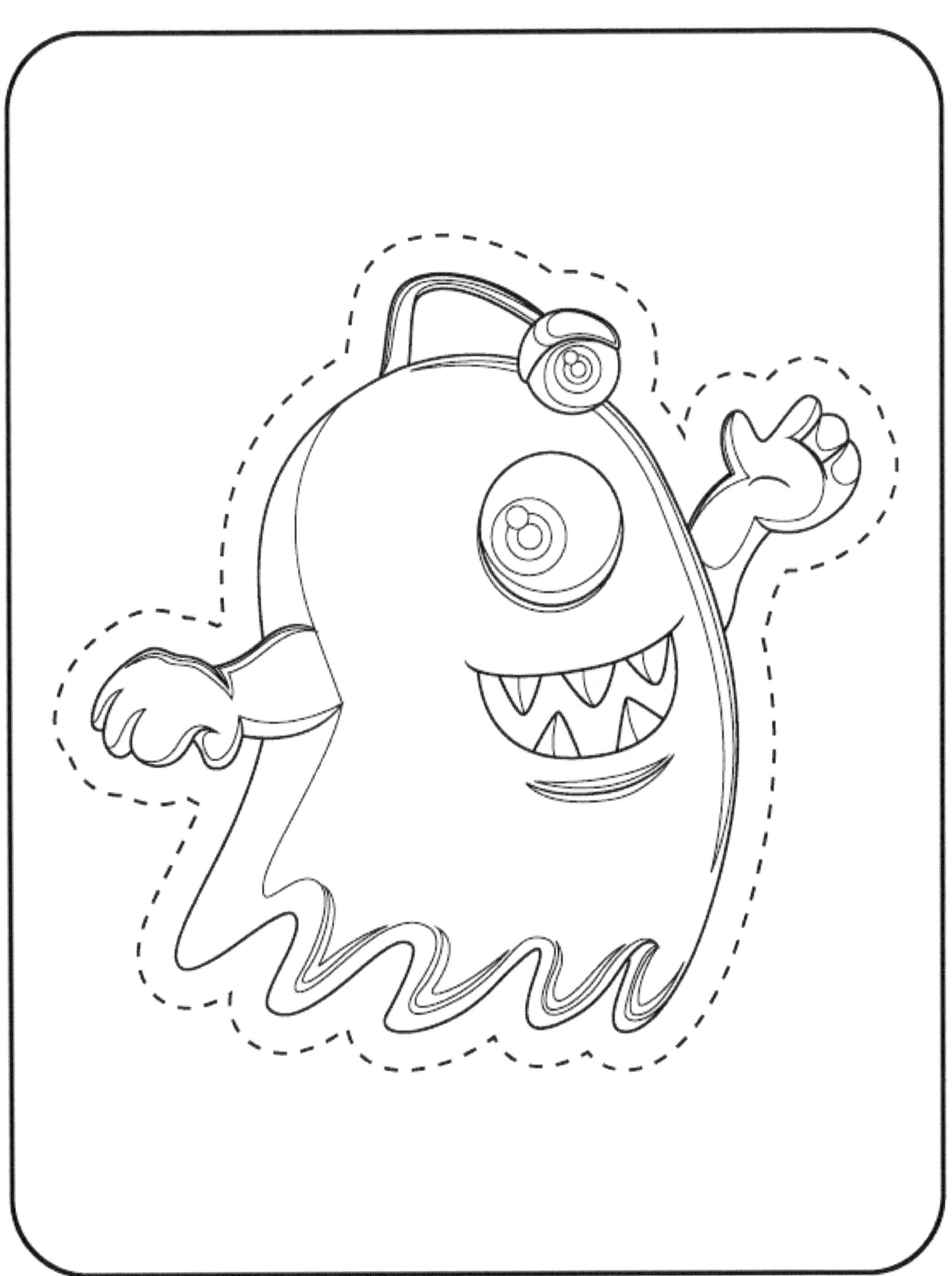

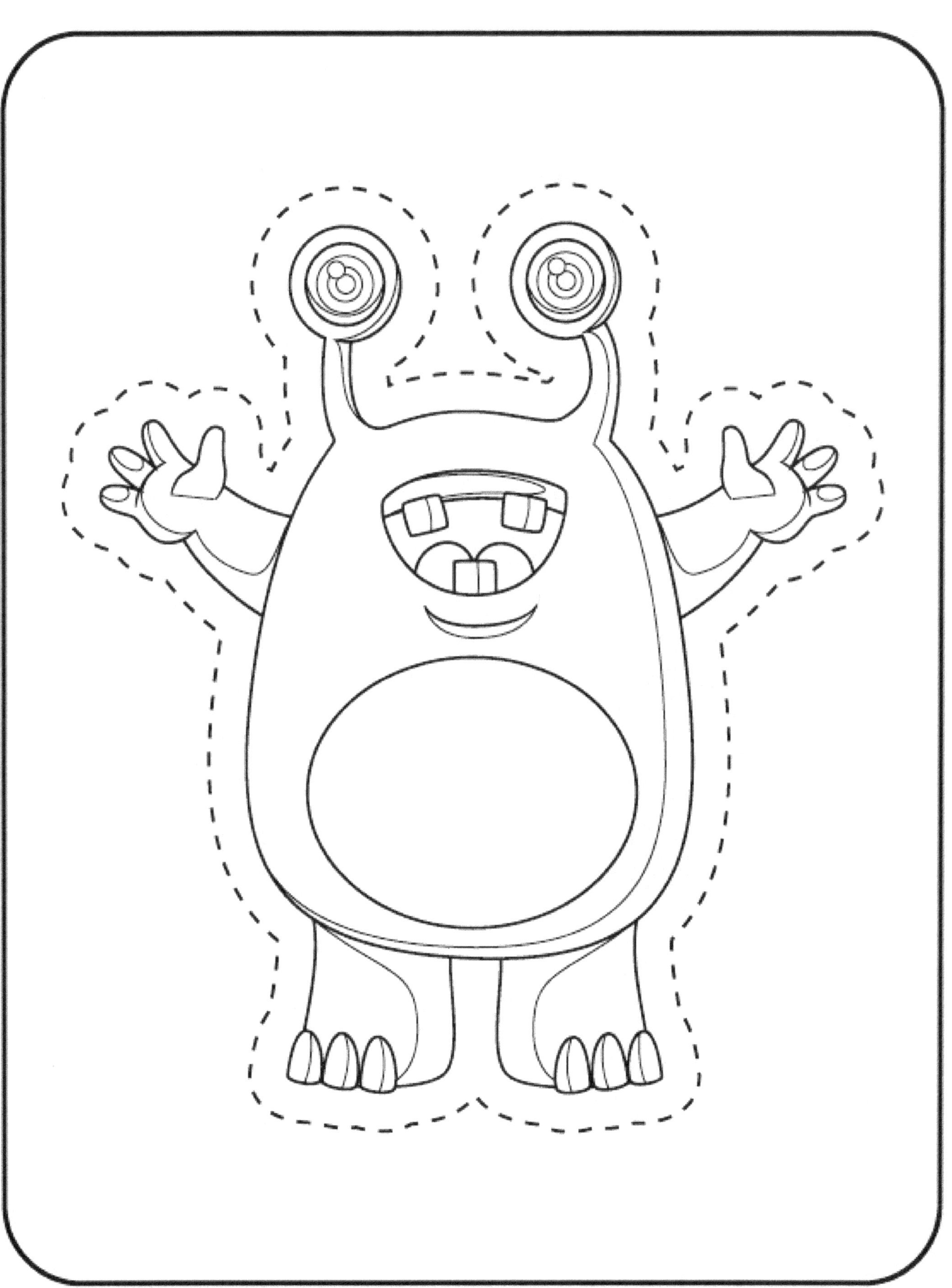

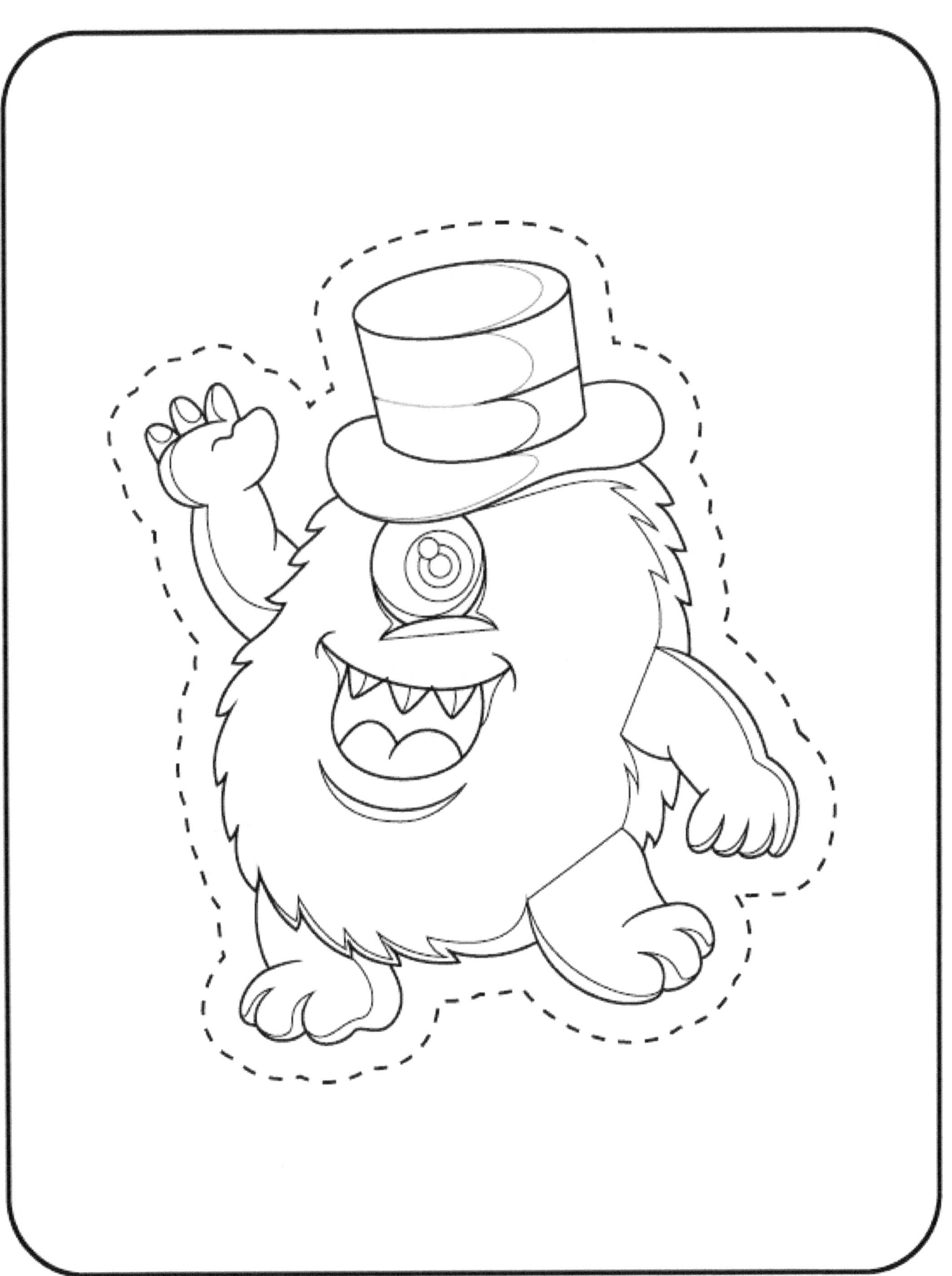

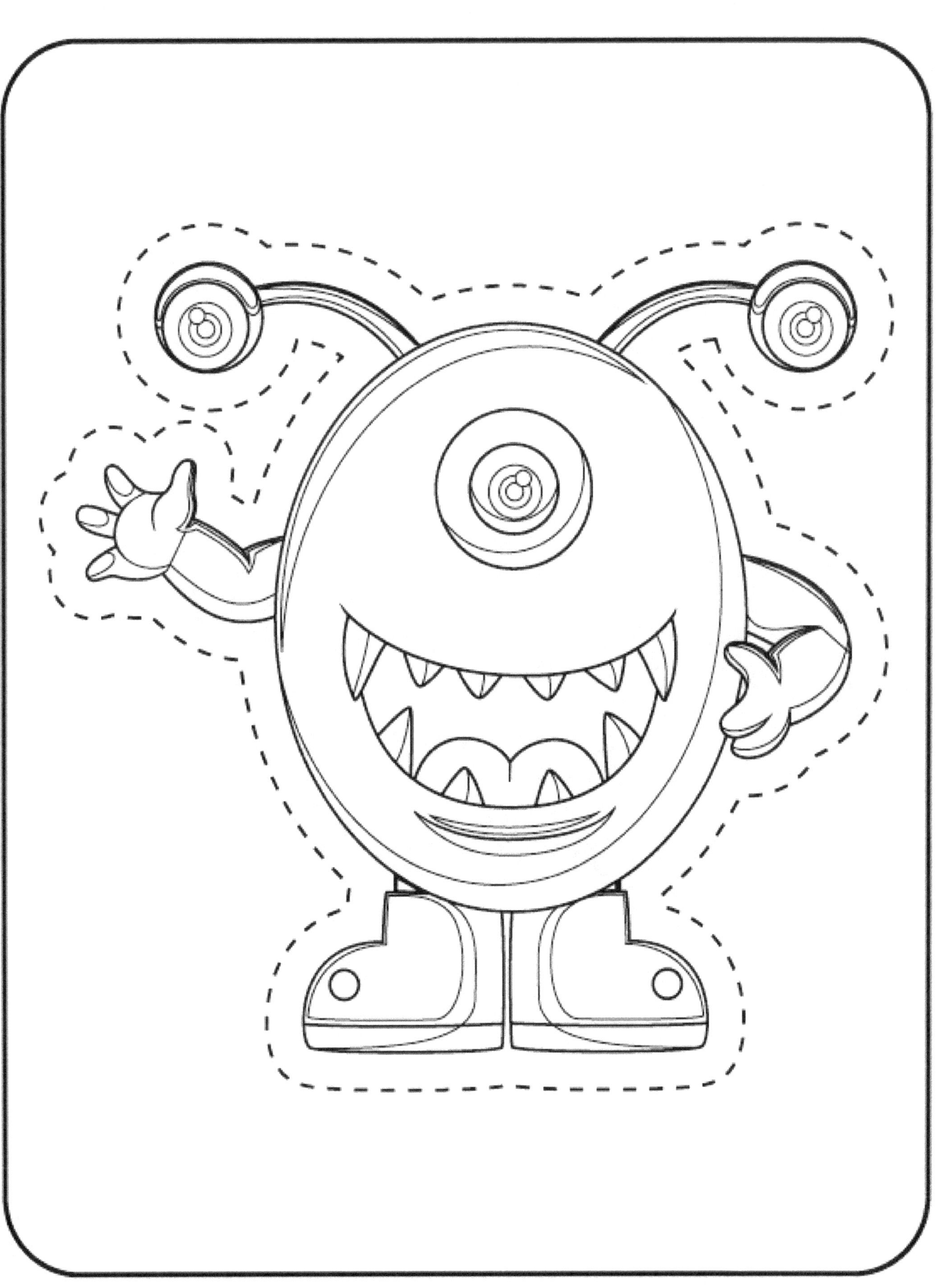

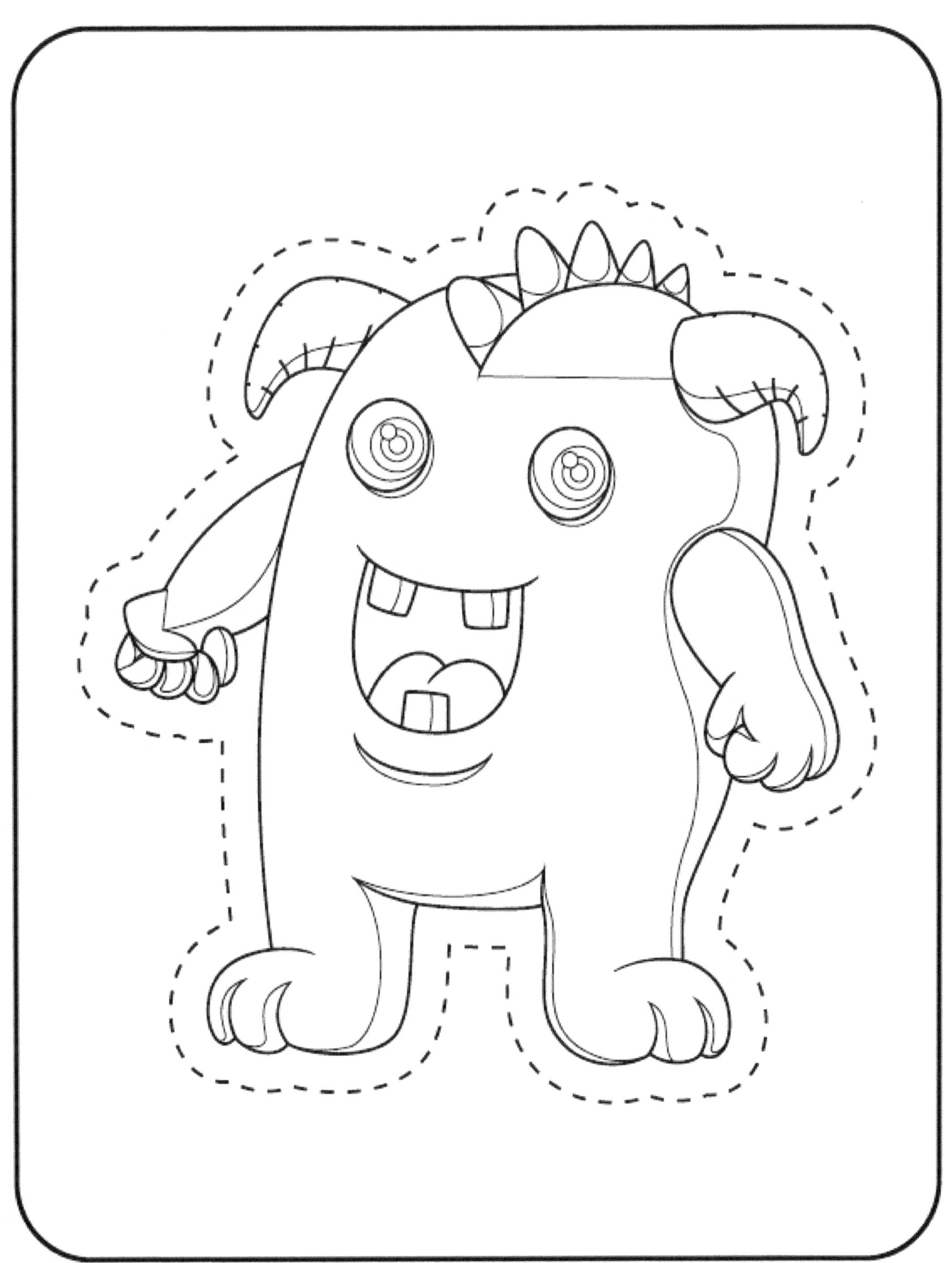

DAS HAT SPASS GEMACHT !

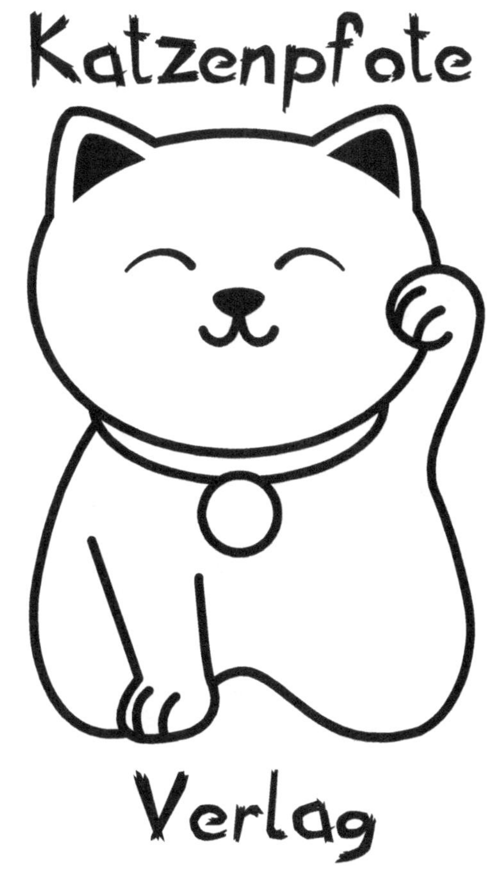

Vielen Dank!
Ich wurde mich freuen, von Ihnen uber
dieses Buch zu horen! :)